AF337515

DE L'IMPRESSION

ET DE LA RÉIMPRESSION

DES

LIVRES LITURGIQUES

PAR

F. BÉCHARD

AVOCAT AUX CONSEILS DU ROI ET A LA COUR DE CASSATION.

(Extrait du CORRESPONDANT, numéro du 10 juillet 1847.)

PARIS

SAGNIER ET BRAY, LIBRAIRES-ÉDITEURS

RUE DES SAINTS-PÈRES, 64.

1847

Paris. — Imprimerie d'A. René, rue de Seine, 32.

DE L'IMPRESSION ET DE LA RÉIMPRESSION

DES

LIVRES LITURGIQUES.

---

§ 1ᵉʳ. — HISTORIQUE.

L'impression et la réimpression des livres liturgiques ont été placées de tout temps sous la direction exclusive des évêques. Il en était ainsi à une époque où la liberté de la presse n'existait pas, et où aucun livre ne pouvait paraître sans une déclaration du censeur suivie d'un privilége concédé par le roi en son conseil. Ainsi l'avaient décidé le concile de Reims en 1523, titre *de Breviario*, le canon XXI du concile de Sens en 1528, le concile de Tours en 1583, titre XIV, celui de Bourges en 1564, l'assemblée générale du clergé de France en 1655 ; toutes décisions réunies dans les *Mémoires du clergé*, tome V, p. 1506.

Ce principe enseigné par *Fleury*[1], par d'*Héricourt*[2], par *Durand de Maillane*[3], par *Bossuet*[4], est consacré par plusieurs lois de l'ancienne monarchie, notamment par la déclaration de 1674, ainsi conçue : « N'en- « tendons néanmoins déroger par ces présentes aux priviléges que nous « avons ci-devant accordés aux archevêques et évêques de notre royaume, « pour l'impression des missels, bréviaires et autres livres d'église dont « ils ordonnent l'usage dans leurs diocèses. »

En exécution de ces lois, Mgr l'archevêque de Paris délégua le droit exclusif d'imprimer les livres d'église, heures et prières à l'usage de son diocèse, à une société dite *des Usages*, qui se forma à cet effet en 1737. Un arrêt du conseil du 30 août 1777 excepta des règles qu'il établit pour le renouvellement du privilége des imprimeurs, les livres liturgiques imprimés sous la surveillance des évêques.

---

[1] *Institut au droit ecclésiastique*, Iʳᵉ partie, chap. xii, et IIᵉ partie, chap. iii.

[2] *Lois ecclésiastiques*, IIᵉ partie, chap. *du Service divin*.

[3] *Dictionnaire du droit canonique*, vᵒ *Doctrine*.

[4] *Mémoire sur l'impression des ouvrages des évêques.*

La Société des Usages aurait pu, quand la révolution éclata, vendre au poids, pour en faire argent, les livres liturgiques qui avaient perdu toute leur valeur. Elle eut plus de courage et de confiance dans l'avenir. L'orage révolutionnaire passa. Le culte catholique fut rétabli. L'art. 14 du concordat chargea les évêques *de veiller au maintien de la foi et de la discipline dans les diocèses dépendants de leur métropole*. La conséquence immédiate de ce grand principe dut être de confier aux évêques un droit de surveillance, de haute censure sur les livres *de foi* et de *discipline*, et de les autoriser à déléguer à des imprimeurs de leur choix le droit exclusif de les reproduire. C'est ce que fit le décret du 7 germinal an XIII, dont voici le texte : « Napoléon, etc. ; sur le rapport du ministre des « cultes, décrète : Art. 1er, les livres d'église, les heures et prières ne « pourront être *imprimés* ou *réimprimés* que d'après la permission donnée « par les évêques diocésains, laquelle permission sera textuellement rap- « portée et imprimée en tête de chaque exemplaire.

« Art. 2. Les imprimeurs, les libraires, qui feraient *imprimer, réim-* « *primer* des livres d'église, des heures ou prières, sans avoir obtenu « cette permission, seront poursuivis conformément à la loi du 19 juil- « let 1793.

« Art. 3. Le grand juge, ministre de la justice, et les ministres de la « police générale et des cultes sont chargés, chacun en ce qui le con- « cerne, de l'exécution du présent décret. »

Le texte de ce décret, où sont répétés avec affectation les mots d'*impression* et de *réimpression*, suffirait sans doute pour prouver qu'il ne suffit pas, pour satisfaire au vœu de la loi, d'obtenir l'approbation épiscopale d'un livre liturgique une fois pour toutes ; que chaque édition doit être approuvée, et qu'à l'évêque appartient, par conséquent, le choix exclusif de l'éditeur.

Les circonstances qui déterminèrent la publication du décret, le rapport du ministre des cultes qui le précéda, mettent d'ailleurs dans tout son jour la pensée du législateur.

L'illustre Portalis s'exprime ainsi dans la première partie de ce rapport :

« M. l'archevêque de Tours, ancien évêque de Meaux, me dénonce une manœuvre cupide de la part d'un imprimeur de Meaux, dont les effets pourraient être dangereux, et dont il est instant d'empêcher le retour.

« En 1758, l'évêque de Meaux fit imprimer un livre d'église conforme au bréviaire et au missel.

« Guédon, imprimeur à Meaux, autre que celui choisi par l'archevêque, vient de le faire réimprimer sous un autre titre, et avec des suppressions et des augmentations qu'il s'est permis d'y faire sans l'aveu de l'évêque et sans le consulter. Il a publié son édition par des placards et des affiches, et en citant en tête des exemplaires les art. 4 et 5 de la loi du 19 juillet 1793 , il s'est réservé de poursuivre les contrefaçons de cet ouvrage, dont il se donne de sa propre autorité le privilége exclusif.

« Si pour le bonheur et la tranquillité de la société, il est utile de surveiller les publications des écrits pour empêcher la circulation des erreurs, cette surveillance doit être beaucoup plus rigoureuse pour les livres d'instruction et de doctrine.

« La Cour de cassation a confirmé cette vérité par son arrêt du 29 thermidor dernier, dans une contestation entre des libraires de Nantes qui s'étaient permis d'imprimer un catéchisme dont l'impression avait été confiée par l'évêque à la veuve Malassis, et qui contestaient à cette veuve le titre d'imprimeur de l'évêque. »

La seconde partie du rapport de M. Portalis explique la doctrine du décret en ces termes : « Quand une religion est admise, on admet par raison de conséquence les principes et les règles d'après lesquels elle se gouverne. Il est ici question d'instruction, de doctrine ; les évêques en sont juges ; et ils sont toujours et successivement, l'un après l'autre, responsables de celle qui se répand dans leur juridiction ; dès lors ils doivent conserver inspection sur la réimpression des livres d'église de leurs prédécesseurs, afin de ne pouvoir échapper à la responsabilité. Or, comment pourraient-ils être responsables s'ils ne sont pas libres de choisir exclusivement leurs imprimeurs et libraires, et si ceux-ci peuvent impunément s'approprier l'impression des livres d'église ?

« Cette doctrine ne porte aucune atteinte au principe de la liberté de la presse. Plus on veut étendre la liberté, dit un honorable jurisconsulte, plus il faut en faire à tous et à chacun une part égale. Le culte catholique a le droit de réclamer la sienne ; or, la première condition de la liberté pour un culte, c'est la faculté d'être ce qu'il est dans ses manifestations officielles ; par exemple, d'assurer l'inaltérable pureté de l'enseignement de ses ministres. La liberté d'attaque et de critique rend nécessaire la surveillance des évêques. Plus on laisse de liberté à l'agression, plus aussi l'équité et la bonne foi veulent qu'on en laisse à la défense ; plus il est juste et nécessaire de laisser au culte catholique la faculté de maintenir la pureté de ses doctrines dans les livres qui en sont le dépôt officiel, pour qu'au moins il ait à répondre de sa doctrine telle que l'avouent et la professent ceux qui sont chargés de l'enseigner. Ce n'est pas sous une législation qui ne gêne aucune tendance, qui ne comprime chez personne l'ardeur et le zèle du prosélytisme, qu'il faut enlever à la religion catholique le droit de défendre contre toute altération ses livres d'église, d'heures et de prières, ses catéchismes. Or, la surveillance des évêques, gardiens de la foi, est-elle possible si tout libraire peut imprimer ? »

Frappé de ces graves considérations, Mgr l'archevêque de Paris a rendu à la Société des Usages le droit exclusif d'imprimer et de réimprimer les livres d'église, heures et prières, à la charge par la Société de fournir les missels, antiphonaires, livres de psaumes et autres d'un débit presque nul.

Au mépris de cette cession, des impressions de livres d'église, non de gros livres, mais de livres d'heures et de prières, se faisaient journellement dans Paris.

Une plainte fut portée en 1829 à l'occasion d'une édition du bréviaire de Paris. Le contrefacteur fut condamné par un arrêt de la Cour royale de Paris, confirmé le 23 juillet 1830 par la Cour de cassation, qui reconnut le droit de propriété des évêques.

Un arrêt du 28 mai 1836 modifia la jurisprudence, et déclara que les évêques n'avaient pas sur les livres d'église un droit de propriété, mais un droit de surveillance et de haute censure.

Un troisième arrêt, du 9 juin 1843, déclara que de ce droit de surveillance découlait pour les évêques le droit de donner à qui ils voulaient la permission exclusive d'imprimer les livres d'église.

Mgr l'archevêque de Paris accepta pleinement la jurisprudence ainsi expliquée, et, par un acte du 19 décembre 1844, il confia pour quatre ans l'impression des livres liturgiques à MM. Adrien Le Clère et comp., Dehausy, Poussielgue-Rusand, Grand, Delalain et Lefort.

Cet acte impose à l'imprimeur et aux libraires qui l'ont signé l'obligation :

1° De se conformer en tout aux changements et directions qui seront indiqués par Mgr l'archevêque ;

2° D'admettre les libraires et imprimeurs qui seraient désignés postérieurement au traité, à la seule condition de participer aux frais faits ou à faire ;

3° De faire imprimer, lorsqu'ils seront épuisés, tous les livres liturgiques à l'usage du diocèse, même ceux d'un débit moins rapide, en sorte qu'aucun des livres liturgiques ne manque jamais aux usages du diocèse.

Dans une circulaire adressée à cette occasion le 22 décembre suivant à tous les curés du diocèse, Mgr l'archevêque résume ainsi la pensée et le but de la concession :

« Je viens de promettre à plusieurs libraires de faire réimprimer les
« livres d'église. J'ai cru utile de vous transmettre les conditions de cette
« permission, qui ont pour but d'assurer l'intégrité des livres liturgi-
« ques, de les procurer aux fidèles à un prix modéré et de garantir à
« ceux qui en font le commerce un bénéfice convenable. »

Une lettre adressée, le 4 février 1847, par Mgr l'archevêque à M. le
procureur général à la Cour royale de Paris, reproduit la même pensée

Néanmoins plusieurs imprimeurs et libraires se sont permis d'éditer
et de publier des livres liturgiques du diocèse de Paris sans avoir obtenu
la permission de Mgr l'archevêque.

Sur la plainte portée par Mgr l'archevêque, M. le procureur du roi de
Versailles a poursuivi les contrevenants. La Société des Usages est inter-
venue comme partie civile, et le tribunal de Versailles a rendu, le 7 juillet 1846, un jugement par lequel il a condamné chacun des contrevenants à une amende envers le Trésor et à des dommages-intérêts envers
la Société des Usages, et a ordonné la confiscation des exemplaires publiés en contravention.

La Cour royale de Paris a, sur l'appel des condamnés, rendu, le 6 février 1847, un arrêt par lequel elle a reconnu le droit de surveillance
des évêques, mais a en même temps réformé le jugement dans le dou-
ble chef de la confiscation et des dommages-intérêts alloués à la Société
des Usages, ce qui rendrait illusoire le privilége épiscopal.

Trois pourvois ont été dirigés contre cet arrêt. Celui des libraires contrevenants a été rejeté par la Cour de cassation (arrêt du 5 juin 1847) :

« Attendu que la condition à laquelle est subordonnée en cette ma-
« tière toute impression et réimpression, à savoir, la permission de l'é-
« vêque diocésain, lui confère virtuellement la faculté de l'accorder ou
« de la refuser, en vertu d'une appréciation souveraine, sans qu'il soit
« tenu d'en décliner les motifs, sous la seule responsabilité inhérente
« au caractère dont il est revêtu et à la mission de haute surveillance
« que ce caractère lui impose ;

« Que l'intérêt de l'enseignement religieux auquel il est appelé à pour-
« voir et l'unité de dogme et de discipline qu'il est chargé de maintenir
« ne sont efficacement garantis qu'autant que la permission émanée de
« lui est personnelle à l'imprimeur, préalable à l'impression, renouve-
« lée à chaque édition nouvelle, ce qui entraîne, par voie de consé-
« quence, le libre choix de l'imprimeur ou des imprimeurs préposés
« sous sa direction à toutes les publications liturgiques réclamées par
« les besoins de son diocèse ;

« Attendu que si le droit imparti aux évêques par le décret du 7 ger-
« minal an XIII ne pouvait être exercé qu'au moyen d'une autorisation

« qui, une fois accordée par écrit, en légitimerait indéfiniment la re-
« production, d'une part, il ne serait attribué au droit, par suite de la
« faculté qu'auraient les contrevenants à s'y soustraire, qu'une satisfac-
« tion vaine et incomplète ; de l'autre, son exercice donnerait lieu à un
« contrôle placé en dehors de la responsabilité spéciale, à laquelle aucun
« autre ne pourrait être substitué, »

Les parties civiles ont été déclarées déchues de leur pourvoi, faute
par elles de l'avoir régularisé.

En ce qui concerne le pourvoi du procureur général, la Cour de cassation y a statué en ces termes :

« Vu les art. 2 du décret du 7 germinal an XIII, 3 de la loi du 19 juillet
« 1793 ; 1ᵉʳ, titre II, de celle du 19 juillet 1791 ; 11-427 du Code pénal ;

« Sur le premier moyen, tiré de ce que l'arrêt attaqué n'a pas fait droit
« aux conclusions du ministère public, tendantes à la confiscation des
« ouvrages indûment imprimés et publiés ;

« Attendu que la loi du 19 juillet 1793, à laquelle renvoie, quant à la
« poursuite, le décret du 7 germinal an XIII, prononce la confiscation
« des éditions imprimées sans la permission des auteurs ;

« Attendu qu'il importe peu que, dans les prévisions de cette loi, les
« éditions confisquées dussent être livrées aux plaignants, à leurs héri-
« tiers ou concessionnaires ;

« Qu'en principe général, et aux termes de l'art. 11 du Code pénal, la
« confiscation est une peine ;

« Que son application rentre à ce titre dans les attributions des tribu-
« naux correctionnels ;

« Que la destination ultérieure des choses qui en sont le produit ne
« change pas sa nature et ne saurait avoir pour effet de la dépouiller,
« dans l'absence d'une dérogation expresse au principe sus-mentionné,
« du caractère essentiellement répressif qui lui est propre ;

« Que s'il en était autrement, et si la seule des dispositions de la loi du
« 19 juillet 1793 à laquelle ce caractère puisse être attribué, était ainsi
« réduite aux simples proportions d'une réparation civile, l'indemnité
« en résultant n'étant pas due à l'évêque qui n'aurait pas été personnel-
« lement l'auteur de l'ouvrage, objet de la publication illicite, et aucune
« autre satisfaction n'étant donnée à l'action publique par cette loi, le
« contrevenant, poursuivi sous son empire, aurait dans ce cas échappé à
« toute condamnation ;

« Attendu qu'il est impossible d'admettre, ou que le décret du 7 ger-
« minal an XIII se soit borné à proclamer en faveur des évêques une ga-
« rantie que leur assurait le droit commun, ou qu'en fondant un droit
« exceptionnel il en ait rendu l'exercice illusoire ;

« Attendu que les art. 427 et suivants du Code pénal, substitués à la
« loi précitée, ont expressément distingué la confiscation, en tant que
« mesure répressive, de la destination à donner au produit de cette
« mesure;

« Que le premier de ces articles, qui n'a eu en vue que de déterminer
« la pénalité en matière de contrefaçon, classe dans deux paragraphes
« différents l'amende et la confiscation, sans faire dépendre l'une plus
« que l'autre d'une condition extrinsèque à la constatation du délit;

« Que l'arrêt attaqué dès lors, en subordonnant à une disposition ac-
« cessoire la disposition principale qui a force et effet par elle-même, et
« en créant une exception qui n'est pas dans la loi, a expressément violé
« ledit art. 427, combiné avec les art. 2 du décret du 7 germinal an XIII
« et 3 de la loi du 19 juillet 1793;

« Sur le second moyen, se rapportant à celui des chefs de l'arrêt atta-
« qué, qui déclare Leclère et consorts non recevables dans leur inter-
« vention :

« Attendu que l'action publique et l'action civile sont indépendantes
« l'une de l'autre ; que le ministère public ne peut poursuivre l'annula-
« tion des décisions de justice qu'autant qu'elles affectent l'intérêt d'or-
« dre général commis à sa garde ; mais que, lorsque ces décisions se rap-
« portent uniquement aux intérêts civils que le prévenu et la partie lésée
« ont seuls à débattre, et sur lesquels il leur est même permis de transi-
« ger, il est sans qualité pour les attaquer;

« Par ces motifs,

« Statuant sur le premier moyen du pourvoi formé par le procureur
« général près la Cour royale de Paris,

« Casse et annule l'arrêt de cette Cour, chambre des appels de police
« correctionnelle du 6 février dernier, *parté in quâ*, en ce qu'il a refusé
« de prononcer la confiscation des ouvrages indûment imprimés et pu-
« bliés, les autres dispositions dudit arrêt devant sortir effet, et pour
« être fait application en ce point des articles combinés ci-dessus cités;

« Renvoie la cause et les parties devant la chambre des appels de po-
« lice correctionnelle de la Cour royale d'Amiens, à ce déterminée par
« délibération en la chambre du conseil;

« Statuant sur le second moyen,

« Déclare le procureur général près la Cour royale de Paris non rece-
« vable dans son pourvoi en ce chef;

« Mais, faisant droit au pourvoi formé dans l'intérêt de la loi par le
« procureur général près la Cour à la présente audience;

« Vu les art. 1er du Code d'instruction criminelle et 1382 du Code civil;
« Attendu que l'acte dont se prévalaient Leclère et consorts à l'appui

« de leur demande en intervention leur a imposé des obligations en
« même temps qu'il leur a conféré des avantages ;

  « Que si la délégation qui en dérivait n'avait rien d'exclusif et d'irré-
« vocable, son extension éventuelle à d'autres libraires ou imprimeurs
« que ceux qui en étaient l'objet avait été soumise à des conditions ex-
« pressément déterminées ;

  « Qu'en s'immisçant, en dehors du seul cas prévu par les parties dudit
« acte, dans le bénéfice de cette délégation sans en supporter les charges,
« Langlumé et consorts avaient occasionné à Leclère et autres un préju-
« dice dont réparation était due ;

  « Qu'ainsi l'arrêt attaqué, en écartant l'intervention comme irrece-
« vable, a violé les articles précités ;

  « Casse et annule, dans l'intérêt de la loi seulement, les dispositions
« de l'arrêt relatives à ladite intervention ;

  « Ordonne qu'à la diligence du procureur général du roi le présent
« arrêt sera imprimé et transcrit sur les registres de la chambre des ap-
« pels de police correctionnelle de la Cour royale de Paris. »

La Cour royale d'Amiens n'aura à statuer que sur la question de confiscation, et elle n'hésitera sans doute pas à consacrer la doctrine de la
Cour suprême.

§ 2. — PRINCIPES. DROIT EXCLUSIF D'IMPRESSION ET DE RÉIMPRESSION.

Tous les arrêts, même celui de la Cour de cassation du 28 mai 1836,
reconnaissent le droit de surveillance des évêques sur les livres liturgiques. « Le décret du 7 germinal an XIII, dit ce dernier arrêt, en dis-
« posant que les livres d'église, d'heures et de prières ne pourraient être
« imprimés ou réimprimés sans la permission de l'évêque diocésain, n'a
« pas conféré aux évêques le droit de propriété de ces livres ; il n'a fait
« qu'établir, dans l'intérêt des doctrines religieuses et de leur unité, un
« droit de haute censure épiscopale, duquel il résulte pour les évêques ce-
« lui de porter plainte, et pour le ministère public celui de poursuivre,
« même d'office, les imprimeurs qui contreviendraient à sa disposition. »

Or, la conséquence nécessaire du droit de haute censure épiscopale
ainsi reconnu, c'est le droit attribué aux évêques d'autoriser *exclusivement* certains imprimeurs et libraires à éditer et à vendre les livres liturgiques.

C'est ce que la Cour de cassation a reconnu par l'arrêt du 9 juin 1843,
qui a fixé la jurisprudence sur cette importante matière :

  « Le décret du 7 germinal an XIII, dit cet arrêt, a son principe et sa
« source dans les art. 14 et 39 de la loi du 18 germinal an X sur l'orga-
« nisation des cultes, portant que les évêques veilleront au maintien

« de la foi et de la discipline ; qu'il n'y aura qu'une liturgie et qu'un ca-
« téchisme pour toutes les églises catholiques de France. Ce décret dé-
« fend, dans les termes les plus absolus, d'imprimer ou de réimprimer les
« livres d'église, heures et prières sans la permission des évêques dio-
« césains, cette permission devant être textuellement rapportée et im-
« primée en tête de chaque exemplaire ; il veut que les imprimeurs et
« les libraires qui, sans l'avoir obtenue, feraient imprimer ou réimpri-
« mer des livres d'églises, des heures ou prières, soient poursuivis con-
« formément à la loi du 19 juillet 1793. — Pour la solution de la ques-
« tion soumise à la décision de la Cour, il n'est pas nécessaire de
« déterminer la nature des droits que le décret du 7 germinal an XIII
« confère aux évêques diocésains. Il suffit de considérer qu'il ne per-
« met pas d'entreprendre contre l'autorité et l'inspection qu'il leur a
« données sur la publication des livres d'église. — Ce décret est impéra-
« tif et formel ; il subordonne l'impression et la réimpression de ces li-
« vres à l'accomplissement d'une condition toujours nécessaire, savoir :
« la permission de l'évêque diocésain. Celui-ci est donc le maître de
« l'accorder ou de la refuser. *Il est hors de doute que cette permission est*
« *personnelle et spéciale pour l'imprimeur qui l'obtient,* puisque, d'une
« part, il est tenu d'en justifier et de la rapporter en tête de chaque
« exemplaire, et que de l'autre, l'imprimeur ou le libraire qui ne s'en
« serait pas muni avant toute publication encourrait les pénalités de
« la loi du 18 juillet 1793. L'évêque donnant, sous sa responsabilité, les
« livres de liturgie nécessaires à son diocèse, il faut bien qu'il ait le
« choix de l'imprimeur qui sera chargé de les publier sous sa direction.
« S'il suffisait d'une permission une fois donnée pour que tout impri-
« meur ou libraire se crût autorisé à faire de ces livres une édition
« nouvelle, ces spéculations intéressées rendraient vaines les mesures
« que l'évêque lui-même aurait prises pour les publications qu'il aurait
« ordonnées. L'exercice du droit de haute censure qui lui appartient in-
« contestablement serait impossible, ou il donnerait lieu à des discus-
« sions dangereuses, soit sur les retranchements ou additions qui
« auraient été faits aux textes sacrés, soit même sur leur altération. Ce-
« pendant, il y aurait péril pour la pureté du dogme ; l'unité de la li-
« turgie et de la discipline serait compromise. Ce serait méconnaître à
« la fois le but du décret du 7 germinal an XIII et enfreindre ses prohi-
« tions les plus expresses. »

Rien de plus net et de plus fort ne peut être dit pour prouver que
l'exercice du droit de censure des évêques est inséparable du droit *exclusif* conféré par eux aux imprimeurs.

Il n'y a pas, sous ce rapport, antinomie entre l'arrêt de 1836 et celui de 1843. Le premier avait été rendu dans une contestation élevée entre deux libraires en l'absence du ministère public ; le second a consacré le droit d'intervention des parties civiles dans une instance engagée par le procureur du roi.

Le Conseil d'Etat reconnaît, comme la Cour de cassation, le droit des évêques d'accorder ou de refuser les permissions d'imprimer et par conséquent celui d'attribuer un droit *exclusif* à certains imprimeurs et libraires.

Des imprimeurs avaient cru pouvoir imprimer des livres d'église sans se pourvoir au préalable de permission ; d'autres, après avoir imprimé, s'étaient vu refuser l'autorisation. Dans la pensée que les évêques devaient, ou leur permettre d'imprimer, ou examiner les livres imprimés, ces imprimeurs portèrent au Conseil d'Etat des appels comme d'abus. Mais trois arrêts du Conseil ont rejeté ces appels : les deux premiers ont été rendus le 18 mars 1841 ; le troisième, en date du 30 mars 1842, est ainsi conçu :

« Louis-Philippe, etc.; vu le recours adressé à notre garde des sceaux « pour nous être transmis en notre Conseil d'Etat par le sieur Louis-Au-« guste Lallemand, imprimeur à Verdun (Meuse), appelant comme d'a-« bus du refus que lui a fait le sieur Augustin-Jean Letourneur, évêque « de Verdun, de l'autoriser à imprimer les livres d'église à l'usage du « diocèse, et tendant à ce qu'il nous plaise, statuant sur ledit recours, « déclarer qu'il y a abus dans les faits imputés audit évêque ;

« Vu la loi du 18 germinal an X et le décret du 7 germinal an XIII ;

« Considérant que le fait imputé à l'évêque de Verdun ne constitue « pas abus :

« Art. 1er. Le recours du sieur Lallemand est rejeté. »

« Il résulte de ces ordonnances, dit M. Vuillefroy (*Traité de l'administration du culte catholique*), qu'ainsi que le reconnaissait l'administration des cultes elle-même à l'époque la plus rapprochée, l'évêque ayant reçu par le décret la responsabilité de la publication des livres d'église, il en résulte nécessairement pour lui la faculté d'accorder la permission *à qui il lui plaît ;* que s'il était forcé de donner cette permission à tous les imprimeurs et libraires, sa responsabilité deviendrait illusoire et dangereuse (Déc. minist. du 26 messidor an XIII) ; qu'en conséquence, il peut refuser la permission à son gré (Déc. minist. du 25 prairial an XIII et 19 mars 1807).

On a opposé à cette doctrine devant la Cour de cassation un argument plus ingénieux que solide : on a présenté le droit attribué aux évêques comme compromettant l'unité de liturgie que le concordat, les lois organiques et le décret de l'an XIII avaient voulu assurer. « En

supposant, a-t-on dit, que la censure préventive accordée aux évêques
soit compatible avec la Charte de 1830 qui défend de rétablir la censure, la raison d'être du décret de l'an XIII était dans l'art. 39 des articles organiques du concordat, et dans la volonté du législateur d'établir en France une liturgie unique et un seul catéchisme. Dans un état
de choses qui permet de débiter à Paris aux fidèles qui suivent le rite
parisien des livres d'église imprimés à Toulouse suivant le rite romain,
le décret de l'an XIII n'a plus de sens. Si l'art. 39 des articles organiques est aujourd'hui abrogé, le décret de l'an XIII a suivi son sort; si
l'art. 39 subsiste, le décret ne peut servir qu'à son exécution; mais dans
aucun cas le clergé ne peut prétendre faire servir le décret de l'an XIII
à consacrer l'abus qu'il est venu proscrire, celui des liturgies particu-
lières et des catéchismes spéciaux à chaque diocèse. »

. Quoique la censure épiscopale des livres liturgiques n'ait été atta-
quée par ce raisonnement que d'une manière timide et en quelque sorte
hypothétique, rappelons d'abord avec les commentateurs de notre code
de la presse [1], et avec tous les arrêts de la Cour suprême depuis l'an XII
jusqu'à ce jour, cette exception fondamentale au principe de la liberté de la presse. La liberté du culte catholique, dont l'essence est
l'unité, la responsabilité des évêques, commandent cette exception.

. « Dépouiller les évêques de leur droit de surveillance sur des termes
« sacramentels et sur des textes dont ils répondent, ce serait, disait à
« la Chambre des Députés l'éloquent rapporteur du projet de loi sur la
« propriété littéraire, ce serait leur commander la responsabilité en
« leur refusant les moyens de l'exercer; ce serait froisser les libertés et
« la sécurité d'une grande Eglise dans l'Etat, car la religion n'est pas
« libre quand elle n'est pas conforme à elle-même.

« Le principe du catholicisme étant l'autorité, si cette autorité n'est
« pas garantie sincère et authentique dans les dogmes, dans les prati-
« ques, dans les rapports du chef spirituel avec les fidèles, l'Eglise ca-
« tholique ne jouit pas de toute sa liberté ; car elle ne jouit pas de la
« plénitude et de la garantie d'autorité qui est sa nature, sa foi, sa
« règle. »

. « Mais, dit-on, les évêques peuvent abuser du privilége qui leur est
concédé pour échapper à l'obligation de respecter l'unité liturgique ; et
le seul moyen de concilier leur *droit* et leur *devoir*, c'est de les réduire
à vérifier, sur les exemplaires des livres liturgiques déposés à leurs se-
crétariats, conformément à la décision ministérielle du 19 octobre 1810,
l'orthodoxie du texte, c'est-à-dire sa conformité avec la liturgie unique

[1] *Voy.* M. Parant, *Lois de la presse,* p 19.

adoptée pour tous les diocèses. Quant à la *réimpression* du texte, une fois approuvée, elle doit être libre, sauf la répression légale des altérations. Tel est le sens du décret de l'an XIII, qui n'a voulu appliquer le mot de réimpression qu'aux livres anciennement en usage et qu'on voulait réimprimer depuis le concordat. »

Ainsi le décret de l'an XIII n'aurait eu pour but que d'assurer la prédominance du pouvoir temporel sur l'autorité spirituelle dans la rédaction des catéchismes et des livres liturgiques! Le texte de ce décret et le rapport qui l'a précédé démentent cette supposition d'une manière victorieuse. C'est l'article XIV du concordat, par lequel *les évêques* sont chargés de veiller au maintien de la foi et de la discipline dans leurs diocèses, que l'empereur et son ministre ont eu en vue. C'est à la prédominance de l'autorité spirituelle en matière de foi et de discipline qu'ils ont voulu rendre hommage. Leur prêter une autre pensée, c'est substituer une fiction à la réalité. Quelque jaloux qu'on les suppose des légitimes prérogatives du pouvoir temporel, ils n'ont pas voulu l'être plus que Louis XIV lui-même, qui avait interdit à ses censeurs de s'immiscer dans l'impression des *missels, bréviaires* et *autres livres d'église* placés sous la responsabilité et sous la direction exclusive des archevêques et évêques.

Et que deviendrait, en effet, la liberté de la foi catholique; que deviendrait la responsabilité des évêques gardiens de cette foi dans un système qui confierait à un ministre ou à ses agents la rédaction des catéchismes et des livres liturgiques? Quel serait, en cas de dissentiment sur l'orthodoxie du texte, le juge qui déciderait? Faudrait-il transformer nos tribunaux en conciles, ou le ministre des cultes en Père de l'Eglise?

Un estimable jurisconsulte[1] s'est mis en grands frais d'érudition pour prouver que si la foi catholique est essentiellement immuable, chaque église, chaque diocèse peut avoir ses rites particuliers, et que ces rites une fois établis ne peuvent être changés par les évêques *sans l'assentiment du pouvoir temporel.* On lit, en effet, dans le *Dictionnaire du droit canonique* [2] que des lettres patentes étaient nécessaires autrefois pour autoriser les changements faits par un évêque au bréviaire ou au catéchisme de son diocèse. On y lit bien d'autres choses, et la législation de ce temps, qu'on nous offre comme le prototype de la liberté catholique, autorisait les magistrats à administrer *par arrêts* l'eucharistie et l'extrême-onction. Ce gallicanisme parlementaire ne convient plus à

---

[1] M. Dumesnil, *Revue française et étrangère,* t. V, p. 169.
[2] V° *Office divin,* p. 464 ; *Service divin,* p. 483.

notre temps. Tout le monde reconnaît aujourd'hui qu'un mur d'airain sépare le spirituel et le temporel, et qu'en fait de dogme catholique, le siége de l'unité est à Rome, et non dans les bureaux de la chancellerie de Paris. Cette pensée était présente à l'esprit de l'illustre Portalis lorsque, dans le rapport qui a précédé le décret, il disait :

« La loi rend les auteurs de quelque ouvrage que ce soit responsables « de leurs écrits ; les évêques le sont de ceux qui traitent de la doctrine « ecclésiastique. Et comment pourraient-ils l'être si, comme les autres « auteurs, ils ne sont pas libres de choisir exclusivement leurs impri- « meurs et libraires, et si ceux-ci peuvent impunément s'approprier « l'impression ou la réimpression des livres d'Eglise ? »

L'autorité lumineuse de ce rapport ne saurait être affaiblie ni par le décret du Conseil d'Etat du 13 juin 1809, qui, sur le conflit élevé entre le pouvoir administratif et le pouvoir judiciaire pour le jugement d'un cas d'infraction au décret de l'an XIII, a renvoyé aux tribunaux la question de répression et n'a rien jugé de plus, ni par les circulaires de la librairie de 1810, 1811 et 1814, qui, l'eussent-elles voulu, n'auraient pu attribuer au gouvernement un droit supérieur à celui des évêques en matière de foi, ni surtout par la décision ministérielle du 19 octobre 1810 qui, en ordonnant le dépôt au secrétariat de l'évêché, a voulu garantir un contrôle parfaitement compatible avec l'approbation préalable, et non réduire l'évêque au droit de poursuivre la répression.

Quant à l'art. 39 de la loi organique du concordat, on peut y voir l'expression d'un vœu en faveur de l'unité liturgique ; mais on ne saurait y trouver la preuve de l'assujettissement des évêques au pouvoir temporel, sur un sujet qui appartient à l'ordre spirituel et à la compétence exclusive de l'autorité ecclésiastique.

Or quel est, sur la question liturgique, le sentiment de l'Eglise catholique, celui du Saint-Siége ? C'est que l'unité liturgique doit exister en ce qu'il y a de vraiment essentiel au Christianisme ; mais qu'elle n'exclut pas la diversité des détails. « Il y a toujours eu dans l'Eglise et dès le commencement, dit Mgr l'évêque de Ligne dans un discours prononcé devant l'Académie liturgique, des prières récitées et des rites observés de la même manière, et conservés par tous également sans la moindre variation ; prières et rites au moyen desquels se représentent uniformément les mystères les plus sublimes. Mais cette commune, inaltérable et vénérable uniformité regarde la substance des liturgies, en quoi toutes les Eglises s'accordent, ce qui est nécessaire pour maintenir l'unité de la foi ; mais elle ne concerne point les rites accidentels et acces-soires. Par conséquent, si l'on excepte de l'ensemble des rites ceux qui sont constitutifs, qui reposent sur un précepte divin ou sur la tradition apostolique, on a toujours observé dans l'Eglise des usages divers sans qu'on les ait désapprouvés. Au contraire, on a toujours tenu à leur conservation, non-seulement pour le lustre qui rejaillit sur l'Eglise de cette variété même (variété qui montre clairement que toute notre Eglise est un composé de tous les peuples et de toutes les nations) ; mais encore pour éviter le scandale, éloigner les discordes, pour prévenir enfin les désordres qui naissent trop souvent de la diversité d'opinions en pareille matière, pour tarir cette source de graves et pernicieuses conséquences.

« Telle fut toujours la conduite de l'Eglise ; telle fut la règle observée par les saints Pères. A ce propos, saint Augustin rapporte de lui-même qu'hésitant sur certains rites, il consulta sur ce point saint Ambroise ; que ce dernier lui répondit de laisser subsister ceux qu'il trouvait établis, afin précisément d'éviter le scandale réciproque. *Ad quam forte Ecclesiam veneris, ejus mores serva, si cuiquam non vis esse scandalo, aut quisquam tibi.*

« L'Eglise adore Dieu et l'honore ; elle rend à l'époux dont elle est la bien-aimée son tribut de louanges dans la langue de bien des nations. Elle s'acquitte également des devoirs de son culte dans la diversité des rites et des cérémonies. Et Dieu se trouve également loué et honoré avec tel ou tel rite adopté par l'homme pour lui rendre le tribut d'hommages et de soumission intérieure et extérieure qui lui sont dus. »

. La seule chose qui importe, c'est que la liturgie de chaque diocèse soit souverainement réglée par celui que l'Esprit-Saint a préposé à son gouvernement[1]. « La question pratique de la liturgie, dit avec raison Mgr de Langres[2], se développe d'elle-même avec le temps ; mais elle doit marcher beaucoup plus lentement que la question doctrinale. Cette dernière est ouverte à l'examen de tous ; mais l'autre est exclusivement dans les mains du chef de chaque diocèse. Partout c'est à l'évêque seul qu'il appartient de donner le premier signal et de faire arriver au but. On doit respecter ses retards et même ses refus, quels qu'ils soient, parce qu'il est possible que, nonobstant des convictions théoriquement favorables à ce que nous souhaitons, ses refus et ses retards soient pour lui longtemps encore un rigoureux devoir. »

Nous demandons au pouvoir temporel autant de tolérance pour les exceptions nécessaires à l'unité liturgique qu'en montrent les évêques les plus attachés aux prérogatives du Saint-Siége. Est-ce être trop exigeant ?

Quoi qu'il en soit, au surplus, du sens et de la portée légale de l'article 39 de la loi organique, peu importe à la question ; aucune relation n'existe entre cet art. 39 et le décret de l'an XIII ; le seul but de ce décret (son texte et le rapport en font foi) a été de préserver la foi ca-

---

[1] *Spiritus sanctus posuit vos episcopos regere Ecclesiam Dei.*

[2] *De la question liturgique*, p. 48.

tholique contre les coupables altérations ou même contre les incorrec-
tions innocentes qui pouvaient être commises dans les livres dogmatiques.

Or, qui veut la fin veut les moyens; le choix d'un imprimeur peut
seul assurer l'exactitude des éditions, et empêcher qu'il ne s'y glisse
des changements ou des altérations.

On conçoit, dit M. Curasson., dans des observations sur la propriété
littéraire adressées à la Chambre des Députés en 1841, on conçoit que
l'évêque puisse surveiller exactement la correction d'une édition qui se
fait sous ses yeux, ou par la personne qu'il juge convenable de dési-
gner. Mais surveiller les éditions sans nombre qui pourraient être en-
treprises dans son diocèse et hors son diocèse, c'est une chose morale-
ment impossible, et cependant, on le répète, il s'agit ici de matières
délicates où le moindre changement peut avoir des conséquences fu-
nestes pour la doctrine et contraires à la décence qu'exige le service
divin. Que dans un livre de chant seulement, l'erreur ne consiste que
dans la substitution d'une clef, d'une note à une autre, ou de tout
autre signe indicatif, cette erreur suffit pour exciter de la confusion.

La liberté du choix d'un imprimeur présente d'autres garanties, soit
pour la convenance, soit pour la durée. L'évêque peut faire ses con-
ventions pour le format, le caractère et le papier. Que chaque imprimeur, au contraire, soit libre d'éditer, moyennant une approbation que
l'évêque ne pourra refuser qu'à défaut d'accomplissement de ces conditions ; un spéculateur avide, s'emparant du moment où les grands livres
sont épuisés, fera paraître les formats les plus discordants et les plus
incommodes, les caractères les plus mal fondus, les papiers les moins
durables ; en deux ou trois ans, et peut-être moins, des feuillets entiers
des missels, des livres de chant, seront usés et enlevés. Chacun sait
que les éditions faites sur mauvais papier s'usent et disparaissent comme
du chiffon, tandis qu'on se sert encore des livres de chant édités il y a
cent ans; et ce n'est pas chose peu importante pour les offices que
d'avoir des livres intacts.

Un autre avantage à apprécier, c'est que, maître par le choix de son
imprimeur de fixer le nombre d'exemplaires, l'évêque peut faire con-
corder ce nombre avec les besoins présents de son diocèse, et se donner
ainsi le moyen, à lui ou à ses successeurs, lorsque l'édition sera épuisée,
d'en faire une autre avec les améliorations qu'exige l'expérience.

Il faut renoncer à tous ces avantages si chaque imprimeur est libre
d'éditer, sous la simple condition d'un consentement que, dans cette
hypothèse, l'évêque ne pourrait refuser. Les éditions se multipliant à
l'infini, toute amélioration devient impossible, à moins de froisser l'industrie des libraires, l'intérêt des fabriques, et même celui des fidèles.

Pour opérer les modifications dont il s'agit, il faut procéder avec prudence et en temps opportun : autrement on s'expose à exciter des commotions, à recevoir des plaintes toujours désagréables pour le caractère d'un prélat. Et comment l'opportunité d'une amélioration pourrait-elle se rencontrer, si loin d'avoir le droit de diriger la forme et de fixer le nombre des exemplaires d'une édition, il est forcé de s'en rapporter aux spéculations de l'industrie ?

L'objection prise de la liberté de la presse s'évanouit, on le voit, devant les considérations de l'ordre le plus élevé. Celle qui est prise de la liberté de l'industrie n'est pas plus fondée.

On ne conteste pas aux imprimeurs le droit de publier les livres de piété ; on ne réclame de droit exclusif que sur les livres qui composent la liturgie. Ces livres forment trois classes distinctes : les premiers sont d'un débit facile, les seconds d'un débit lent, les autres d'une vente nulle. Le catalogue publié par la Société des Usages met douze ouvrages dans la première classe, trente-trois dans la seconde et douze dans la troisième. Ceux-ci sont les plus volumineux et les plus chers. Les libraires autorisés sont obligés par leur traité avec Mgr l'archevêque « à faire imprimer, lorsqu'ils seront épuisés, tous les livres liturgiques à « l'usage du diocèse, *même ceux d'un débit moins rapide*, en sorte qu'aucun « des livres liturgiques ne manque jamais aux églises du diocèse. » De là résulte pour eux une charge très-onéreuse. Les libraires non autorisés, n'étant pas soumis à cette charge, choisissent dans les livres d'église ceux qui offrent le débit le plus prompt et le plus sûr, les impriment en très-grand nombre, et, s'appropriant ainsi des bénéfices certains, laissent aux libraires autorisés la perte qui résulte de la publication des gros livres. De là un grave dommage pour la Société des Usages, et un véritable péril dans certains diocèses, tels qu'Agen et Pamiers, où les gros livres ne sont plus imprimés.

L'abrogation du décret du 7 germinal an XIII offrirait un autre inconvénient, ce serait de porter un coup mortel à la librairie de province, déjà si peu florissante dans quelques grandes villes. Sans le droit exclusif des évêques, la fabrication des livres d'église se concentrerait à Paris, où il y a plus de facilité, plus de moyens d'économie pour l'impression, et surtout pour la reliure, si importante dans des livres de ce genre. Mais si le droit des évêques est reconnu, ils feront, en remplissant leur devoir, le bien des libraires de province qu'ils investiront du privilége.

Les considérations industrielles, d'ailleurs si secondaires en une matière si importante, sont plus favorables que contraires au privilége épiscopal, et l'on peut d'autant moins se plaindre du prétendu monopole de la Société des Usages, qu'elle est obligée d'admettre dans son

:sein les libraires et imprimeurs désignés par Mgr l'archevêque, pour participer aux avantages et aux charges de son traité.

Mais une considération bien autrement élevée domine ce débat. C'est
le grand principe de l'unité religieuse que peut seul garantir le droit
de haute censure exercé par les évêques sur les livres de foi et de discipline.

§ 3. — COROLLAIRES. CONFISCATION. RÉPARATIONS CIVILES.

Ce droit exclusif doit-il avoir ou non une sanction? Toute loi doit
en avoir une sous peine d'être livrée à la dérision publique. Une loi qui
a pour but d'assurer le maintien de la foi catholique ne saurait être
déshéritée de ce droit commun. Le décret de l'an XIII veut que les
contrevenants soient poursuivis conformément à la loi du 19 juillet 1793.
Or, cette loi prononce la confiscation des livres publiés en contrefaçon. D'après cette loi, comme d'après l'art. 427 du Code pénal,
la confiscation est une peine ; elle doit être appliquée à ce titre à ceux
qui impriment ou réimpriment les livres d'église non approuvés par
les évêques diocésains.

Les lois sur la propriété littéraire assignent, à la vérité, un caractère
particulier à la confiscation qu'elles prononcent ; et ces lois ne peuvent
être invoquées dans toutes leurs dispositions par les évêques qui ne sont
point les *auteurs* des livres liturgiques, mais qui sont seulement *responsables* de leur contenu. Ce n'est donc ni à leur profit ni au profit des imprimeurs exclusivement approuvés par eux que la confiscation doit
tourner. Mais cette confiscation doit être prononcée comme peine, et les
exemplaires condamnés doivent être mis au pilon. Ainsi le veut l'art. 2
du décret de l'an XIII qui, en renvoyant à la loi du 19 juillet 1793,
modifiée depuis par l'art. 427 du Code pénal, édicte implicitement
la même pénalité, sans assimiler pour cela dans toutes leurs dispositions, deux cas qui ne sont pas identiques [1]. Interpréter autrement la
loi, c'est la désarmer en présence des infractions les plus audacieuses ;
c'est, d'un côté défendre des publications dangereuses, et d'un autre
côté les permettre, à la charge d'une légère amende inférieure au bénéfice que les imprimeurs en retireraient. C'est encourager les délits
au lieu de les réprimer.

En proscrivant l'attribution aux évêques du produit des confiscations,
en refusant de les assimiler à des *auteurs* qui défendent une propriété

---

[1] C'est ainsi que l'art. 407 du Code pénal punit l'abus d'un blanc-seing de la peine
de l'escroquerie, punie par l'art. 405, quoique les délits ne soient pas les mêmes.
C'est ainsi que la loi du 18 juillet 1824, relative aux altérations et suppositions de
noms sur les produits fabriqués, renvoie pour la peine à l'art. 425 du Code pénal, qui
punit un autre délit.

littéraire, la Cour suprême a fait justice du reproche de spéculation mercantile qui leur a été adressé en termes si inconvenants. La théorie lumineuse adoptée par ses derniers arrêts a rendu au ministère des gardiens de la foi toute sa dignité, toute sa grandeur, toute sa puissance. La confiscation ne tourne qu'au profit de l'Etat; car il s'agit d'objets dont la circulation est proscrite non dans un intérêt privé, mais dans l'intérêt de l'ordre public.

Quant aux réparations civiles, elles ne sont point dues aux évêques, qui ne sauraient, sans déroger, être mis au rang des auteurs venant réclamer *à titre de dommages-intérêts*, selon les expressions du rapporteur des art. 427 et 429 du Code pénal [1], le produit des confiscations, mais elles sont dues aux imprimeurs autorisés *exclusivement*.

Toute personne lésée par un délit peut, aux termes de l'art. 3 du Code d'instruction criminelle et de l'art. 1382 du Code civil, réclamer la réparation du dommage qu'elle a éprouvé.

La Cour de cassation a consacré cette doctrine par un arrêt de la chambre criminelle du 1er septembre 1832 (p. 32, 1, 569), qui casse un arrêt de la Cour royale de Paris ; et par un second arrêt rendu en chambres réunies le 15 juin 1833 (p. 33, 1, 458), qui casse un arrêt de la Cour royale de Rouen.

Des pharmaciens avaient été déclarés non recevables à se constituer parties civiles sur les poursuites exercées par le ministère public contre des personnes qui vendaient sans autorisation des remèdes secrets. L'intervention des pharmaciens a été déclarée recevable par la Cour de cassation par le motif *que l'exercice illégal de la pharmacie porte nécessairement un dommage aux pharmaciens, puisqu'il constitue une usurpation des droits qui leur sont garantis par la loi, et que le fait même de cette concurrence illicite donnant aux pharmaciens un intérêt actuel et un droit né tant à en arrêter la continuation qu'à obtenir la réparation du dommage consommé, il s'ensuit que l'action en réparation de ce dommage repose sur une cause légale ; que dès-lors cette action est recevable.*

Les imprimeurs autorisés par les évêques peuvent d'autant mieux se prévaloir de cette jurisprudence, que le droit exclusif dont ils jouissent n'est certes pas sans compensation, tandis que leurs concurrents jouiraient des avantages et ne supporteraient pas les pertes. Cette inégalité de situation n'est pas admissible, et la liberté de l'industrie sainement entendue réclame, comme la liberté du culte catholique, le maintien d'une exception nécessaire à la liberté de la presse à l'égard des livres publiés sous la responsabilité des évêques pour la propagation de la foi et le maintien de la discipline.

[1] *Voy.* le Rapport de Louvet (séance du 19 février 1810).